Días enteros para una sopa

Jimmy Valdez

MEDIAISLA
Botella al mar
Miami, FL 2010

Colección ***Botella al mar N° 3***

http://mediaisla.net

Primera Edición: abril de 2010

ISBN: 978-0-557-42455-9

Publicado por: ***mediaIsla editores/lulu.com***
Correo electrónico mediaisla@gmail.com

Portada: © **JIMMY VALDEZ**
Cuidado Editorial: **RUBÉN SÁNCHEZ FÉLIZ**
Diseño de portada: **PRAXIS PEÑA**
Diseño interior y maquetación: © ***mediaIsla editores***

A mi madre, mi esposa y mis hijos.
A mi hermano Luis Fermín.
A los amigos

Esos golpes sangrientos son las crepitaciones
de algún pan que en la puerta del horno se nos quema
César Vallejo

Contenido

Días enteros para una sopa

Epílogo

¡Ahh, qué piel de cocodrilo tengo! Qué carne más mechada. ¡Qué trompa —parece que otra vez he vuelto a equivocarme—, qué desentone! Rara es la seda que produzco, mas bien, qué mal augurio de esbeltas poses.

Dios sabía, lo sabía y aún así, así de atroz, de enemigo y guadaña, puso viento al despliegue de lonas y me tiró bien lejos, en solitario.

Quisiera cumplir los años en un cuerpo manso, sin ambiciones. Vivir lo que se vive sin jerigonzas. Pero Dios es naranja y de un escupitajo quiebrapatas, me puso en la contienda.

He ocupado los titulares del hediondo, lo truje en un viaje que hicimos, que hacemos, que lamentablemente se acompaña. Mis amigos —los imposibles—, estaba escrito, no se quejen…

Yo, sopla mocos, autista del querer ser, atrincherado en mi casa, prisionero de la impotencia, disparando a todos lados, a todo seso, debo cubrir los flancos y la retaguardia.

Crecí tuerto, ahora no tengo dientes. Fermentada llevo la morisqueta. Con pereza cumplo las desgracias, todas. Tenedme como mascota, como arrepentimiento, como referencia. Soy el amigo patético, la escuadra sombría, lo barba roja del reino. ¡Arriad las velas! ¡Viva el masoquismo! ¡Tierra!

No tengo credenciales, sólo un talento arrugado

Tuve un oficio medio solemne: bañaba muertos, colocaba altares y me alquilaba de doliente en aquellos casos que no vienen al ruedo... También fui juglar en taparetes, Sancho del municipio, trasto mandadero, incesante músculo de carretilla, como un junco de sol a sol, persistente, ceñido al ijar de lo barrunto. ¿Qué más que mansedumbre para ganarle el pan al asombro, al rendir de cuentas?

Puedo confesar —si acaso sirviese para algo—, que estuve enamorado de la hija de la dentista. Es que yo era muy poca cosa y la madre me aplastó de una zancada. En fin sobreviví al suicidio, a la manguera rota en dos que no aguantó otro minuto de tan vieja y tostada. Allí, fruto de una herida mulata y los cuentos de Bosch, nació el primer poema desterrado.

Esa mañana, en la que intentaba derribar a un elefante, tropecé con los hierros del arado. Mi abuelo despertó temprano, no hubo agua para la sed, para sus ojos, y enfermé de temores, vi a mi madre en el pasillo con la misma ropa de ayer mientras fumaba, estaba tan sola, líquida, amarga, deseándose la muerte, parecía sostenida en su propia sombra.

Esa mañana, al salir de casa, con esta historia adentro, me hundí de amargo en la ciudad.

Ese hombre viejo camino a Santiago

Tan de bellota era su pan, siendo un trozo casi corvo, ya reseco, ido a misa en los domingos como todo un espectador acalambrado, atado y en la cintura de un pobre, siempre devoto y viajero, de los que traen consigo la catarata del Iguazú en un ojo y los espejuelos heredados de quién sabe cuál ancestro.

Era pedazo el pan, conmovedor hasta los cimientos, de impecable testificar, sin duda un pan orfebre, existencial, de los que engendran ternura hasta las lágrimas. Era hombre viejo el pan, más exacto que un rebaño de ovejas prendido a la memoria cotidiana, de los que habitan en la sierra y se les ve en el camino.

Yo era hombre sin un pan, dramático como un rotundo impulso de lava, sólo eso, pregón sin entendimiento; de los que les late la neta y todo lo asesinan en la rebelión sin causa, y era su vida en el pan, envuelto en un pañuelo tembloroso, como quien comparte el aliento de un sano albedrío en lo zaguán de un árbol.

Y llovía en el pan un sol polvoriento de muchas madrugadas tan iluminado, y era pan de bellota, duro, insobornable como un hombre encorvado sin más anuencia que toda la hermosura de los sueños.

Y se hizo pan en la bifurcación del relámpago, y yo: la hormiga absorta que apenas podía con las migas.

Hasta diez

Esperaba la maquinación generosa, los azares y el engendro matinal, como una dentellada de umbrales formas; no cesaba el sonido ronco de su pecho. La cabeza era un desnudo pañuelo de colores. Cuando llovía, la bola de cristal se hacía opaca y los clientes se alejaban ante el imposible develado de sus signos. María Teresa Ventura, desventurada alquimista, hambrienta de un peso, pasó su vida leyendo tazas, y apenas sabía contar hasta diez: los hijos que le parió al barrio.

Réquiem

"Muchos años después, frente al pelotón de fusilamiento...
Gabriel García Márquez

Prendido a su falda, en una noche de calabozo y de octosílabas lo sádico, presumía las siete puñaladas del advenimiento: no le hacía promesas, ni en el juego, ni en lo insomne funeral; entraba sin permiso como un cuajo punzante, a rajatabla la ruleta, el arrinconado desgarro en resplandor de unos astros colados en las rendijas de la carne, pues ya era viejo para el amor y ella muy mansa para lo urgente.

Se acurrucaron.

A ella le sobraba un vientre madrugador que la llevaba en sandalias de quicio en quicio; buscaba pájaros reversos de los de raro plumaje. Él, por su parte, agnóstico infecundo, roto como un higüero atiborrado de arena, estuvo pendiente del campanario y a las seis se levantó. Los guardias lo empujaron fuera, la Torre del Homenaje había oscilado ante la apática mirada del verdugo, no obstante, en la piedra abierta del piso ya crecía el verde espejo de las hierbas.

Guarida de mis defectos

Antes de ser el falso caníbal en la hora de la resignación, pretendo ofrecerte un chance, dejar que escapes, que te seques la frente empapada de vértigo y que regreses a casa, a donde seguirás viviendo como la libre de culpas, sin naufragios, intangible en los sucesos del martillo.

Gemirás, vociferarás las desgraciadas luces de un cisne; luego vendrá la lujuria, el topetazo cruento de lo volátil, sus incendios sucesivos, la profanación misma y las secuelas en amarillo. Pero ya no podrás ser la niña de siempre, en cambio ocuparás lo fraudulento.

Vete, escapa, no te sumerjas en la guarida de mis defectos; allí dentro moran cuarenta ladrones y ni un solo botín por el cual arriesgarse.

De tal modo marejada

Usaba el porvenir desafortunadamente, se metía vainas alucinógenas. Era un cerdo almidonado, atávico, de tal modo marejada.

Nunca entendió el mecanismo. Decía presente en los pórticos de la solidaria maleza. Nació veleidoso, cenital, de hábiles esputos y perturbados amarres. Un malparido sin dudas.

Ente de gramaticales conceptos, propiamente dicho, un ágrafo con visión de calumnia; se hacía notar por la fraudulenta necedad de la sorna, con la que tantas veces dijo merecérselo todo.

Los ingenuos no suben a la grandeza. Hay que ser vagabundo, invadir los edificios y abrir sombrillas en las escaleras para el incendio. Qué ridículo es vivir como poeta.

Casi yo

Dado el porte anglosajón de su tabaco, andaba el hombre de forastero como un jinete promiscuo de polainas puntiagudas, abriendo bares de par en par. Se armó de fiesta, con la normalidad recóndita de los de su clase; y por el peso mojado de sus dólares, le buscaron juglares de guitarra al hombro; también florearon las muchachas. El tipo, muy extranjero, un gringo medio holandés, venido en vuelo chárter quién sabe desde dónde, bebía noche y día como si se tratase de un inusitado sifón de mamajuanas, hasta que llegó Raquel, soplándole tres cosas al oído que al parecer hicieron estragos en el alma vieja del hombre, para así, y casi de una patada, llevárselo consigo a la ratonera.

Hoy he visto a Raquel, llevaba un largo abrigo cosido en la piel preciosa de algunos tigres sin rayas; salía de *Macys* tan elegante, casi rubia la morena; le esperaba un taxi, no me reconoció. Entonces vi al forastero, arrastraba a dos mocosos tan parecidos a mí.

Canción pirata

Esta cintura anónima, cajón de efemérides, puente de las escaramuzas, en lo oblicuo como un huésped anegado, tiene la curvatura de un cisne, vaivén veleidoso y tonada.

Este engendro de las obliteraciones, signo nómada en las coordenadas, rancho atado a los ponientes, tantas veces en la derrota del abordaje pirata, tiene por acceso a un buitre.

Este hombre y sus absurdos, de transfiguración en transfiguración, carrasposo, depósito de una mensajería que dieron como intrusa en los asuntos esos de las encrucijadas, prepara la defunción perfecta.

Se morirá pensándote en lo impúdico, de pechos al aire, muy dentro.

Dueña de ti

A esto me dedico: premeditado colecciono pertrechos, apadrino moscas en el armario y ofrezco palomas quebrando la voz. Resido en la alocada memoria del seminarista; fornico. Soy tan casual como un chopo.

Estos tiempos de márgenes y salarios resistentes al candor de los hijos, son tiempos para unos cuantos. No voltees a decir adiós.

Días atrás, el mundo no estaba hecho, desconozco qué tanto se negaba a sí mismo; le ganaba otras formas, un aposento. Quiso Dios a un hombre, una vez dormido quiso también una mujer, pero las cosas se desgastan y todos supimos que los hijos de los hijos se vistieron con harapos, algunos hasta hoy. Fue en ese principio, con un júbilo supremo, que un rey pretendió llegar al cielo construyendo torre sobre torre, y le fallaba el ego luminoso. Tropezó con la lengua, con la nación a ser elegida, con el mismo Dios, hasta quedarse solo como un astrolabio de agujas trastornadas.

Como nadie me quiso

Empiezo a perforar la suelta ruta de los maderos. Llevo la sal y sus memorias, la atrapada mueca para entrar en los zaguanes del cloroformo: morir no significa un acto de arrepentimiento.

Opulencia

No me enredo en falsas cicatrices, ni en las cosas azules de a poco nocturnas, ni me despierto en la aturdida mañana donde cae un gobierno de pobres, beatificando lo indiferente: la inercia y sus conjuros. No soy mezquino, ni resplandezco con la hermosura de un santo, estoy lisiado de voz; ni alhajas, ni pesadas cadenas me visten. Juan de los palotes, juan de principio a fin, sin obediencias ningunas, con solo Dios de alarde, forrado de un solo golpe con lo único que vale la pena forrarse: virtud y dignidad en el hombre.

Aquí estoy en el sillón verde, tomándome el café tantas veces tajante; sin mayores esperas, indicado para el azar y lo adrede, apenas vivo y no me creo importante, más que para pensar en lo anónimo y ser jornalero esporádico del sexo percutido, del romántico esqueleto, de la cristiandad sin dogmas, de la rojez que irradia y se asegura de todo pan y bien en el globo y la esperanza.

El día luce sin desprecios, sin arredro, profético incluso, vértice centellante, dorado por lo fresco del aire; por el día de sentarme en el pórtico, mirar o leerme los almendros, caminar y tomar fotografías, pintar incluso la capitulación vecina: mi lindante polaco por fin aceptó el yerno senegalés, luego de la amenaza de fuga.

Aquí sentado, inmerso en el instinto, sabiéndome solo, quizás al teléfono con mi hija.

No te levantes

Sonrisa de retardo. Percutida. Caminata de mañana tras un bañito de sol. Me he convertido en Tristán el godo, ducho en axiomas, embustero, el desdentado, experto en lagartijas: descarrilo elefantas.

Cuezo las horas recolectando pertrechos, asido a mi BM de supermercado. Alcahuete va mi celo, acunado de piropos a las polacas en minifaldas, a la mujer del guardia civil.

Las palabras desconocen confines. Ocupan la canallada —el dejo, el abolengo—, las uvas maduras del intelecto, lo rodeado de la nostalgia, ese algo llamado usted y que igual se ingenia las hazañas.

En un principio fui todo redondez, luego comprendí lo válvula de escape. La libertad no nació así de entonces, se iluminó una tarde de orfebre. Pelaba yo unas papas y ¡zas!, me supe de improviso un atajo: Escribo, escribo, escribo, coito.

¿Será tu olor —las providencias—, el polvo en lugares prohibidos, de acechones, halándote el pelo, agapantos? Sabes, ahora me leo los ensayos violeta. Cómo germinan los vasos, del amor y el frío. Tal vez los últimos detalles no te interesen, pero qué grande se hace la idea en equilibrio.

Me voy al trabajo. Quédate ahí, no te levantes. Me responde su sonrisa desde la almohada.

Aquel resquicio

Otra tú, alguien, azul del son, confesando el motor de esta relojería y sus laceraciones. Desde la herida, embelleces el desgarro de este rostro sin nombre, al que bien le viene el suicidio o la aventura libélula, el camello en los ojos, esa noche de humo, la succión de las moscas, las flores de párpados precipitados, sublimes al sinsentido, al extraviado y misterioso pecho donde se sirve la noche a garganta profunda, desfigurada como los sueños de un pájaro estrangulado en la pira.

Alguien que me nombre prohibido, feto atascado en las caderas de alguna niña muerta.

Poema para Lucía

Justo en el punto ineludible de una huelga general, de algún modo lujuria, dueño de tu cintura, estrepitoso como los estragos, recobro el fantasma del soldadito de plomo —ya muy obeso—, fecundo de gratitud, para jugar con él a que conquisto al mundo y se incendia la ciudad.

Cayó Moscú y queda la plaza roja, el gigantesco esqueleto de una lagartija. Apenas es la metrópoli del primer ministro en la que instalaron bares para ver el fútbol. Me preguntas qué soy para ti: la casita de bloques del muy astuto cerdito.

Hijacker

Corre, vente a mi lado, que otra vez soy delito y ya nadie tiene potestad sobre el barranco. En el aire se perciben aeroplanos, faisanes, túneles quietos al asecho.

Corre, soy tu argumento, pistola en mano crezco en el secuestro de las mil sirenas y sus pánicos. Ven, que me apuntan con sus torpes reflectores, que se les da la amnesia. Muévete conmigo, sudorosa, expectante, pues le han dado nombre a mi rostro y huellas mercenarias a este amor desesperado. Vente, vente conmigo, no seas indiferente a esta bravura. ¡Abandónate, mártir, mi Doncella de Orleáns!

A diecinueve copas de nostalgia

Hipa la noche sin flemas y lo rosado de la casa se viene en presencia de Houdini, con el recuerdo gastado de la malsana lisonja. Evita se envuelve en lo tul de los hechizos, se acorrala, surge amantísima del palo o lo viril de un peso en buena brega. Por otro parte, la siniestra petición de las enaguas, lo mastúrbame que voy deprisa, que seamos tres, acaso cinco.

Remedo a los Medos, saqueando Delfos, estando moscas como un sapo. Desnúdame de torsión que eres lo absoluto, sin esas confusiones a mis diecinueve copas de naufragio. Se me antoja martes en *newyorciri*, Sabina… Cómo deploro los días sin sexo.

Está frío allí afuera; aquí dentro, en rosicler de esperas, soy perfecto en la costra. He llegado al absurdo y a la propia indiferencia ante el decir contrario. Me decanto en lo adrede de las veleidades. No soy el triste, quizás el indignado sombrajo incapaz de sembrar cocos. Quisiera recoger frutos. Cosechar en contubernio las grandes voluntades ajenas. ¿Cómo será la vida sin la visita a la tienda del beduino?

Reto la trampa. Hago repudio. La enemistad con el neutral. "Tantas veces me he quemado con la leche que, desde que veo una vaca, comienzo a soplar"

Dolida
como mujer
a la que se le dio
todo desde niña

Uno

Cuando se limpia la casa, cuando se tiran esas lápidas ajenas al primer ombligo de tu hijo disecado, los tampones, la sartén, el tarro que contiene las cenizas del cigarro al coñac, las aspirinas de cuando ya no importa si desde el tercer piso arrojaras el piano, la chequera, los lujos de penumbras en los que a ciegas inventabas bueyes de un solo cuerno (lo colateral y sus colaterales menganos de la cama) y viajabas al polvo para abrigarte, jalando de un hilo que lo deshacía todo, incluyendo la cólera con la que montan a veces los del sexo opuesto en la perfección remota, tentadores hasta dejarte de trapos hechos, dolida como mujer a la que se le dio todo desde niña, menos eso, lo inescrutable.

Dos

Cuando limpias la casa, ya metida en la bañera, gritas para que te escuchen los vecinos y llamen a los bomberos y con ellos también vengan los del precinto y quizás la prensa con sus carros satelitales para hacerte compañía; pero lo más importante —más primordial aún que ese trozo en la nostalgia—, cardumen de infantiles descubrimientos, será desarmar tu nombre y enterrarlo, ponerlo en una botella, lanzarlo lejos y caminar desnudo para abrir la puerta.

Tres

En una casa como la nuestra, donde nadie pregunta si se han regado las plantas, si se hicieron las cuentas, a quién pertenece ese mugir recién filtrado en el ropero; el vínculo entre tú y ese ingenuo mortal de escondida figura en lo bajo de la cama, si se han dejado mensajes, si ya comieron los cerdos, las penas con las que te acuestas, lo gris en los espejos, quién levantó el teléfono, pidió trozos a la niebla, y se sentó en mi sillón a redactar cosas pueriles, cosas sin nombre, como si se viviese del aire, del sexo, del soplar la leche aún humeante, y del gritar con voz quebrada los manoseos indebidos que te dieran de niña.

Cuatro

En una casa tan grande, digna de habernos mudado en lo anónimo de la noche; desde que asesinaran al mayordomo, con todas las pistas indicando tu nombre, y todos los nombres que te señalasen siendo también muertos, y todos los muertos jamás preguntados, debería de haber algo más que una botella de vino y una sopa malhabida.

En una casa como ésta, nuestra a pesar de los pesares, alguno de nosotros debe salir afuera y traer lo que hace falta para una cena decente.

La poesía no le sirve a nadie

Existe la suerte del día, la mía es levantarme con la cabeza llena de pájaros. Doy los días a la asfixia, al primer trasto en el pasillo, a los números en rojo, al contrabando de perversas resinas, a lo rival de este corazón tuerto, vejestorio, reptil malhumorado, incapaz de góndolas, clavado por lo lastre de las indiferencias, lo que grita y no resplandece, pues de tantas oscuridades se ha llenado la casa que hacer señales de humo emana en el desacierto.

Vivo la noche cuadrada, trescientos sesenta y cinco cubos al año, y apenas he sido lo revuelto, el belicista de las bombas en racimo, príncipe de este antro, fecundo como el moho, manchando las paredes, las sábanas, el estribillo que ya produce nauseas, el formato originar de este culo de mundo que aún osa merecerse las odas.

A estas alturas en la que he donado parte de mi cuerpo a la ciencia, vísceras y cerebro, corazón incluido, pues el resto, desde el tobillo hasta el cráneo irán a parar a la primera fábrica de embutidos que se digne, lo que menos quiero es alarde, ya quisiera tener la voz suave y certera del que responde a los reproches de la serpiente sacándole la lengua.

Apología

Este es el escenario: Pink Floyd, chileno *red wine*, *another brick in the wall*, mi jefe de mal humor, el *hammer* sin la hoz, y en mí licuándose todo lo desatino, lo espejo. Terrorismo contra el monstruo, *Cabernet* contra el gobierno, paredón para los diputados, para el maestre, sentando el buen ejemplo —¡No más coñazo! — y las cámaras contándole al mundo sobre los desquiciados que tomaron palacio para cortarles el cordón umbilical a los mal nacidos que se hicieron gobierno en el nombre de lo impune.

Red wine, bastante vino rojo para tragar, para poder vivir, para no buscar un socio al que le advierta en el nombre de Alá, sobre fulanito el infiel y sus secuaces de la estafa —¡He aquí a los tiranos!— tomándoles con toda y la oposición de social-ladrones, blancos robolucionarios, maquiavelos de la iglesia, finos empresarios y administradores de la electricidad, en una suerte de tormento que les recuerde a los doctos sobre los años temidos de Vlaquia y de su príncipe empalador.

No tengo miedo, conviértanme en terrorista, el miedo está en ellos, en los traidores, en los de las cuentas secretas, en los de las polainas y sus tres estrellas de polvo. Pink Floyd en las aulas, cruzando el tren, vino chileno, *so what...* ?

Contra todo, extraño lo inevitable

Escribo en grueso la cuestión de las vértebras, el abandono preocupante de la compostura, lo risible del quehacer procreador de Dios y sus volcanes. He ido de mar en mar hallando siempre peces agrios. Si tan sólo fuese decir ¡Hágase el tranvía! y dejasen de correr los mil carruajes, quizás, sólo quizás, lo inaugurado como casa nueva sobre la piedra atalaya de la facha fuese también verdad y no un mero invento de los canijos.

Todo es ficción, desde el Prado y sus Velázquez, hasta el taconeado compás de los festivos. ¡Yo soy el origen! ¡Redención! La historia, Alfred Hitchcock, nosotros. Ya no pregunto, me toco impúdicamente, se desnuda.

Este mundo es yo

Nos mata el perro la rabia, cae astillado en la bisectriz de la puerta. Hay lugares donde jamás cazaría otra vez.

Estuve hablando, tomándome un licor enraizado, de anego, hundido en lo silbado de la plata; era lobo mi perro.

Las cosas del amor no están escritas: tomó un cigarro, le ofrecí fuego, ardía.

—*Happy Hour* para los tres! —dijo entonces el *bartender*, pasándome la cuenta con una sonrisa asesina. Pagué por ella, por mí, por los presentes; y la mujer, de un trago largo, vampiresa, preguntó por cifras de tres ceros.

¡Puta! Y se quedó en el bar.

Mejor pa mí

Oírte decir patatas, milicia, Ruperto, te toca la ciguama, bañar al perro, joder menos, que me ayudes, que estás jarta, hasta los cogotes, que te vas, que no regresas, y llamas a la mai para contarle, llorando —como en los días en los que te clavabas espinas, sucumbiendo, loca por maldecir, sin todavía atreverte—, que lo nuestro es un fracaso, que siempre lo ha sido, que ni tu norte ni tu sur, que caro lo pagas, que vives hambrienta, que yo con mi Che, comunistoide, gozoso y de nostalgias, ebrio de los días, don de un solo golpe, sonoro en el maldecir, leyéndome lo que encuentre, dizque dilecto, de tamaña mentira —aunque me conozcas, y me conociste, siempre sin engaños, muy dispuesto al curro, sin que se me escape un solo gemir por insensible—, atragantándoseme la puerta de un portazo, sin penas ni glorias, a lo *Cabernet*, mirando hacia la calle, te vuelvo a oír (con menos rabia, como si maldijeras o tararearas), en franco desahogo: ¿qué diablos cenaremos? Igual, ni respondo, ¿será que los del gobierno se acuerden de nosotros?

Hoy

Llego a casa envenenado, después de respirar el ácido de una cometa. Trajinando un cuerpo destituido, crispado y errante, como la cosa más arrastrada del camino.

Dejo las botas en la entrada, sacudo la ropa, voy directo al baño, salgo dejando ir por el caño todo el sarro de mis dientes. No hablo, abandoné el hablar, solo saludo con un beso.

Voy al aposento, subo las piernas en la cama, acomodo el culo en el sillón. Pienso, suelo dudar, he hecho de esto una liturgia mecánica. ¿Habré olvidado leerme alguna aberración?

Soy feliz, me supe de repente

Temo que voy de la mentira al suceso, he salido a la calle y apenas regreso con la quimera en volandas; me nuncio el natalicio del borrón y enaguas nuevas: todo se llama lujuria o sombrero, destripado alfanje de oxidado sexo, quejumbre, porque también de abandono andan los trastos puestos, así es lo urgente, lo otro.

Las noches no son de parques o tocadiscos, y aún luego, no son de incendios o de torturas. Las noches son simplemente noches, y es que me vengo a dormir cansadito, viajando la ciudad de pelo a punta. 'Vivir se paga" decía el abuelo, dejando los riñones en una caseta de vigilancia. Pasó a la hambruna después del retiro, y sin haber de otras le alquiló la sangre a los mosquitos cuidando la riqueza ajena.

Soy feliz, me supe de repente "Cara de payaso, boca de payaso, risa de payaso", duermo en una cama.

La carne

Por la cabeza arde un pájaro tinto. Dejo en sus quehaceres, mago regurgitador de navajas. Haciéndole frente a un coyote singular en mañas, pero muy tonto de corazón.

En las entrañas y de pie, ante el rostro aquel de su bosque, Lancelot sin espada, sobre la mesa redonda, se sirve con la cuchara grande a la mujer de su jefe.

Subiendo por los oídos, escaleras arriba al amurallado segmento, un señor de los anillos, peludo desde las patas, se muestra misericorde con el patrón de la envidia. Mientras tanto, bajando cuando subía, con sus patotas peludas, un segundo se da cuenta que la traición les asecha y puede más que los sueños.

Nariz adentro, la lujuriosa cocaína echa un polvo neuronal con los cimientos del pudor. Es cuando se encienden las luces, se da la orden de acción. La mujer, dejando a un lado el guión de los guionistas, se apresta a interpretar los amagues del coyote, la mesa redonda sin Camelot, y la pata peluda de los coparticipes entregándose a los placeres.

Regreso a casa

Todos buscamos un turno, extendemos las manos, pedimos casas para los muertos, bifurcación. Todo se conmuta, quedando a los lados la higuera en su esquelética forma de brasas, los oídos sordos —incluso el albedrío—, también a veces calla el viento en años y sólo suena la mesa de los cuervos cebados de piltrafas.

Existe el dolor no humano, la consciencia ferozmente borracha, la mansedumbre ecuménica, los muérdagos de tribunas, a los cuales se les ha trepado el mapa de lo horrendo como si se tratase de una galleta de barro invadida por hormigas.

Un terremoto deambula por las calles

Tengo en el pensamiento el destejido ijar de un niño. Lo no obstante en la mirada fija de un rescatista, ese adobe fotográfico, lo secuencial del grito, el viejo descalzo y de cuclillas que, a puro cincel y en el martirio, intenta desenterrar a su compañera.

Este ahogo, ahogo agigantado en la nuez de Adán, herrumbre subalterna de la esperanza, amenaza con volcar los flancos y mecerse encabritado en las palabras mayores del atosigo: No hay nada más desolado que esta pena ajena, y sin embargo, lo desconcertante serpentinea como si se tratase del verdadero intérprete de lo futuro, su protagonista.

Puerto Príncipe fue siempre un hombre sediento, un despojo, la justificación del absurdo, y nada más. Un terremoto ha deambulado por las calles. ¡Señoras y señores, los altísimos se saludan con los dientes!

Lo poema persiste

(Al pueblo de Jean Léopold Dominique)

Mi silencio se ha regresado por donde vino; como un toro impiadoso de alocadas cornadas, la muerte bufó en el corazón más prójimo. Quería guardarme, esculpir, arar el amuleto de la ruptura, ser novela un día, vomitarlo todo en los reinos de este mundo, y supe dedicarle los instantes más cálidos a la historia inconclusa de una cuestión prefabricada.

Pude escribir, lo admito, páginas y páginas de una inédita aventura. Compartir ciertas vísceras, dejar rastros del apalabro, susurros de un secreto a voces, armaba la munición y me quería ajeno, la poesía dura un segundo y muere, el novelista puede pegar la puñalada.

Muy de niño, niño en fuga, cuando la madre servía nuestro pan, él tomaba su parte y escapaba, sólo para comerlo en lo bajo de un rompe viento junto con su amigo, el grandísimo hombre haitiano.

Jamás vi tanto dolor, jamás lloré con tanta sed; mi silencio regresó por donde vino, el dolor redunda insensato, abre la tierra, pronuncia marejadas de vértigo, es tan profundo que dejó de ser anónimo, expedito: el dolor sembró sus rejas y sólo en lo poema encuentra voz de auxilio.

Mi generación universitaria

Algunos, por ejemplo, hemos optado por el lado menos apuesto de la contienda, y en lo apenas del camino somos sustancia incorpórea. Otros, de cultivados sofismas y asociaciones extrañas, adictos a las exequias en donde se dialoga lo insignificante, tienen rúbricas magnánimas, ejercicios de preventa, amigos del eufemismo. Algunos son de ese modo alocado, se han tatuado con agujas el sexo y son expertos en no meterse con nadie; los hay también escuálidos y no van a la guerra, quieren la paz, el pan, el circo, lo excéntrico de una portada. Existen los del derecho y la banca, obligados a leer a Marx, la revolución francesa, a Roque Dalton, pero siempre ceñidos a la investidura del verdadero capital de sus depósitos. Otros tuvieron peores suertes, viajaron a Praga, a Lucerna, a Roma, y se hicieron carne fresca al alcanzar los aeropuertos. Los hay también viviendo de un tiempo ineludible y reverso, esos que se quedaron en casa, los que se ahogan en la abstracción y sienten que no hay futuro.

Menos lastimado que ayer

Le he dicho a una mujer casada —mujer bonita de delicadas manos—, no tengo más señales, ni mayores tiestos en donde perder o guardar esta humana manera de antojarse. Ella, por supuesto, sonrió. Le dije por igual a esa mujer, mujer hermosa a la que le escribí en diez trocitos de papel y a puro miedo de mancebo, no soy celoso, mi virtud es la discreción, lo muy prematuro que me fue encantando la cocina coreana, los ojos rasgados, la piel amarilla, en fin, las patadas voladoras, el *sea weed salad* y las peras. Ella volvió a sonreír.

Seguí diciéndole a esa mujer, mientras cambiaba una bombilla y buscaba pretextos para cruzármele en el camino cuando ella subía o bajaba en la oficina: que si quería y me quedaba, que andaba de ofertas, que así coño es el amor, un animalito dulce. Y esa mujer, mujer cuya ternura siempre sospeché, de sopetón me dijo, así sin mayores gracias, que de momento no estaba para engaños, pero quién sabe si en un futuro, pues Dios nos va creando y al final suceden cosas…

Tan pronto llegué a casa, menos lastimado que ayer y con una sonrisa de oreja a oreja, le he dicho a mi mujer: "tuve un día etéreo". Apenas se limitó a contestarme: "igual me pasa a mi".

Pedro el lobo

Pedro se ha hecho lobo, antes era lagarto. Pedro, de alma pura, grisáceo en la salobre cuesta, ya no es Pedro. Pedro monolítico, aullando en los presagios se ha pasado el día buscando un nido a tientas.

Yo era amigo de Pedro, también en las esquinas esperaba ganarle el pan a las manos; me quedé lagarto, libre de todo suicidio, pero Pedro, en las márgenes del río, errabundo, se hizo lobo de la jauría y le han matado los pastores.

Pobre de Pedro el lobo, que en su existencia como lagarto, tuvo la mala fortuna de un imposible: se enamoró de la luna.

Tres hijos del Ecuador, tres muchachos

Nuestra casa de trabajo, nuestro taller tan remoto —libre de *taxes*, esplendoroso en sus ruinas, agujereado por los vándalos del graffiti, puro cementerio de hierro retorcido—, no deja de ser hoguera, pan, capote, exhumación.

A ese lugar de niños altos, regido por la poesía y la voluntad de un hombre, llegaron tres hermanos, los tres hermanitos Madison, huérfanos torrenciales, desbordados por el sueño. Hoy ya son muchachos firmes.

Frank, el más joven, adiestrado en las artes de soldar las camisas y amordazar el ego, no conoció a su madre, muerta en su cama, víctima de la adversidad que sólo grava al pobre. En cambio, Ladislao, pequeño, sumiso extranjero que trabajó en el África y se enfermó de malaria, trae consigo la deuda de veinticincomil aldabas y la imperante cuestión de saldar su techo. Y luego viene Luis, el muchacho más viejo, corredor de maratones, con ímpetu de quien se cree al amparo de una estrella robusta, tiene como hijos a los suyos y a sus hermanos, a los que apenas conoce en el otro costado de las nubes.

Y es que también, desde que soy el hombre malhablado que hace preguntas insolentes, y cree que en el taller, todos somos criaturas siderales, me siento muchacho en armas, fecundo para la pobreza, y digo que para estar vivo hacen falta los talleres.

El murciélago se anida en los pulmones

Tomándonos un trago de buen vino, mi mujer me ha confesado: "Estuve enamorada de otro. Recién te conocía, apenas de casados, pero me mantuve a tu lado, quise darte el chance. Y es que llegaron los hijos y te fuiste pareciendo a mi padre, entonces ya era cierto lo que sucedía entre los dos, ya te amaba."

Fue cuando figuré al bayo camaleón subiendo a ristre la membrana de su pecho, bajando en trocha el empeine del galillo. Asiéndose de un cogollo de palma en el asecho de un tábano, cuyo tamaño, el de un hidroavión en la amazonía, no quisiera exagerar ni ser falto.

Esa misma tarde me advirtieron lluvia, traslado de maletas, otro golpe feo, y luego las heladas purezas sobre el fangoso camino hacia el corredor.

Y me dije "total" inmarcesible es aquel misterio, de cruda belleza multiforme, y yo aún sigo pensando que le camina la mirada sin mostrar puesta y que la tierra se arrodilla ante su talle. Mi mujer, cosa del destino y lo profano, se me ha hecho brutal conforme pasa.

Vivo en territorio apache

Tengo un cuchillo de hoja ancha, vivo en territorio apache, nadie me estorba. Hablo de rameras o policías, de mercaderes y de estas horas en las que estallan las panderetas anunciándole al mundo el final de los finales, si no claudica. No puedo precisar qué tan ebrio ando, amanece igual que ayer, de a pedacitos.

¡Suerte la mía! Extraviaron medio planeta en los bolsillos ajenos y ya se grita en la cocina ¡Viva Fidel, carajo!

Donde revientan los deseos

Rellenito de rarezas pasó el pan de los guanajos, bendecidos y tutelados por los ricos dependientes de la civilidad y los curros.

Con mil nalgas a la redonda y como si fuese un cinema en donde se revientan en deseos las *lycras* de una hembra que se desnuda según los pesos que le cuelga el transeúnte. Me fui sintiendo agujero negro en la molienda, un ingenio sin azúcar, la bagatela del porno.

He jurado amor, la encrucijada. Divierte en la sementera. El caballo lobo se acerca: capatín, capatán, capatín, capatán…

De este lado del ser

Hace diez amputaciones, la más temprana en la casa que perdimos, que tomé conciencia del lado a pertenecer: Yo era un escaso lustrabotas con bigotes de mocos, huidizo aldabin, recolector de frutos, marotero, la primera generación en lo izquierdo del patio, y mi tío era mecánico, destapaba motores a remacho, simplemente usaba el abrelatas. Mi tío se clavó una sartén en el cielo de la boca, quizás era la espina, no recuerdo bien, pero sí que sabían de hermosos sus peces. La abuela perpetuamente acostada, crecida de vientre, Lidia en la carencia, medicinal en yerbas, sin doctores para lo hepático, con tantos besos en sus lágrimas, diciendo adiós.

Mi madre, que iba y venía de tienda en tienda como un tiesto flaco, rubia, preciosa, no quería acostarse por veinticinco centavos, ni por un millón de pesos, ni con nadie, se lo dijo a la señora de la plaza comercial cuando le pedía caridad y ésta le arrojaba la moneda en su desprecio. Y estaban mis hermanas, imprecisas aún, adornadas por lo tierno; mujeres que sólo cuentan con nueve tajos, naturalmente en el lado izquierdo, lado al cual pertenecen.

La novela

Este laberíntico halar de pelos y su radiofónico sustrato, tan de travesura en lo anárquico y siderauta en lo yermo. Reino de babuchas, obeso desatino, grieta opípara de alacranes de dos patas en su ardentía, viene hasta con himno usurpado, decasílabo en el estupro, me hace cuernos retoñando, aflora en las orgías.

Este vértigo en su episodio quince, pulsar de conjeturas, ciegamente obsceno en su horario de mitad más uno, fornica con los esquejes, me arrastra al cansancio: Anoche quedaron en la entrepierna, a ver hoy qué se les ocurre...

A los cristos de Viloazán

Existen cristos zurcidos con cal de los mil ochocientos, vagabundamente asesinados en la memoria equidistante, sin desnudos y cálculo Indie, esos que tienen el desperdicio costoso del vestuario y nos invaden el sueño en los alijos, comunes como los cristos de lujosas aristas en las iglesias de palo que un viejo cura se ha negado retirar de los altares.

Seguro que hay cristos muy extraños al concordato, sin legionarios, sin pedofilia. Cristos rotundos, tan hermosos como la sabiduría del humilde, inéditos y jamás calcados por los príncipes urgentes de lo exiguo.

En otro orden, aparecen los cristos modernos, los de las muchas revoluciones y fusil al hombro. Cristos minúsculos, inflacionados, cristos de un predicado evangelista obrero; esos cristos reaccionarios, sin pausas, a los que les vienen bien ciertas sopas.

Yo creo en el Cristo de mi madre, nada de yeso y cero espasmos.

Sin nostalgias

Érase mujer nostálgica, distinta por así decirlo, grave de mejores contiendas, recodo y cronología, sonar de rasuradora, güira conyugal, francamente como un relumbrón en cuajos, de inquietudes lo enjambre. Tenía casa, además de silueta. Emblema en el bosque, transición crustácea, paulatina a la usanza insignificante, ausencias.

Fue pequeña en sus cuadernos de enrosque, comunión mistral de surrealismos, inevitablemente burguesa, heredera marginal desposada. Él parecía todo aquello, descendía de un rancio linaje, íntimo en los manejos de la realeza, golpeador de indescifrables gozos, veinte años mayor y casi enjuto. Llevaba a sus amantes hasta la cama, las acostaba junto a ella, sin dudas un caballero del buen vivir.

Marcos se cansó un día de oír a la señora gemir. Se metió a su cuarto, levantó sus ojeras, le habló con la caricia disuelta en los abrazos, se atrevió a confesarle lo de siempre, las veces que le quiso mientras podaba el jardín.

Dicen que se ha hecho hembra de buen porte. Que escribe desde un país lejano, que ha dejado mucho al otrora señor Alfonso. Que vive con Marcos, sin nostalgias, existencial, en un faro.

Hasta la victoria o lo siempre

(a Vitico)

Rojo insistente y rojo. Sin miedo de un hijo natural, nunca parásito, rojo. Rojo recurrente, quizás irascible, de holocaustos. Rojo con luz, rojo. Militante sin excesos, dondequiera y con quienquiera, rojo. Consagrado a la virtud de no hacerme el indiferente, rojo. Entonces rojo, después rojo, siguiente rojo, hasta la victoria o lo siempre, rojo.

Dignidad de rojo, amor de rojo, idea de un rojo, lealtad de rojo, igualdad, justicia, sin la falsedad extremista, puro rojo. A diario en la edad convocante a lo rojo, no me oculto, lo merezco. ¡He aquí mi sangre!

Esta primera edición de *Días enteros para una sopa* **Jimmy Valdez**, está disponible desde los primeros días de abril del año 2010, edición y cuidado de *mediaIsla editores, ltd - miami, fl*
mediaisla@gmail.com

www.ingramcontent.com/pod-product-compliance
Ingram Content Group UK Ltd.
Pitfield, Milton Keynes, MK11 3LW, UK
UKHW041914190726
13854UKWH00003B/1244

9 780557 424559